BEI GRIN MACHT SICH IHR WISSEN BEZAHLT

- Wir veröffentlichen Ihre Hausarbeit, Bachelor- und Masterarbeit

- Ihr eigenes eBook und Buch - weltweit in allen wichtigen Shops

- Verdienen Sie an jedem Verkauf

Jetzt bei www.GRIN.com hochladen und kostenlos publizieren

Bibliografische Information der Deutschen Nationalbibliothek:

Die Deutsche Bibliothek verzeichnet diese Publikation in der Deutschen National-
bibliografie; detaillierte bibliografische Daten sind im Internet über http://dnb.d-
nb.de/ abrufbar.

Impressum:

Copyright © 2003 GRIN Verlag, Open Publishing GmbH
Druck und Bindung: Books on Demand GmbH, Norderstedt Germany
ISBN: 9783638699402

Dieses Buch bei GRIN:

http://www.grin.com/de/e-book/15957/die-3-soziologischen-apriori-bei-georg-sim-
mel-exkurs-ueber-das-problem

Dominic Vaas

Die 3 soziologischen Apriori bei Georg Simmel – Exkurs über das Problem: Wie ist Gesellschaft möglich?

GRIN Verlag

GRIN - Your knowledge has value

Der GRIN Verlag publiziert seit 1998 wissenschaftliche Arbeiten von Studenten, Hochschullehrern und anderen Akademikern als eBook und gedrucktes Buch. Die Verlagswebsite www.grin.com ist die ideale Plattform zur Veröffentlichung von Hausarbeiten, Abschlussarbeiten, wissenschaftlichen Aufsätzen, Dissertationen und Fachbüchern.

Besuchen Sie uns im Internet:

http://www.grin.com/

http://www.facebook.com/grincom

http://www.twitter.com/grin_com

Eberhard – Karls – Universität Tübingen

Institut für Soziologie

Hauptseminar: Klassiker der Soziologie – Georg Simmel

Hausarbeit zum Thema: Georg Simmel – Exkurs über das Problem:

Wie ist Gesellschaft möglich?

Autor: Dominic Vaas

Die 3 soziologischen Apriori bei Georg Simmel – Exkurs über das Problem: Wie ist Gesellschaft möglich?

Vorgelegt von:

Dominic Vaas

Politikwissenschaft (HF, MA)
Soziologie (HF, MA)
6. Fachsemester

Inhaltsverzeichnis

I. Einleitung

1.1 Der Soziologe Georg Simmel

Georg Simmel (1908) gilt heute als einer der bedeutsamsten deutschen Soziologen und ihm wird oft der Status eines Mitbegründers des Fachs Soziologie zugeschrieben. Er setzte sich nämlich v. a. auch damit auseinander, wie die Soziologie als Einzelwissenschaft – besonders in Abgrenzung zu den anderen, damals schon etablierten, Wissenschaften – zu betreiben sei, also was ihr Erkenntnisobjekt und ihre Methode sein soll.

In diesem Streben, die Soziologie grundsätzlich als exakte Wissenschaft zu konstituieren, steht er heute in einer Reihe mit so wichtigen, die Soziologie prägende Figuren, wie Auguste Comte oder Max Weber, wobei ihn mit Letzterem auch tatsächlich eine enge Freundschaft verband.

Das Buch „Soziologie. Untersuchungen über die Formen der Vergesellschaftung" (1908) gehört heute zu den klassischen Werken der Soziologie, auch wenn Georg Simmel erst in den letzten 10 - 20 Jahren in seiner immensen Bedeutung für das Fach als „Klassiker der Soziologie" wieder entdeckt wurde. Simmel stellt in dieser auch „Große Soziologie" genannten Monographie Grundbegriffe und beispielhafte Untersuchungsgegenstände der Soziologie vor, auf die heutzutage wieder stärker referiert wird.

Es geht sozusagen um die ursprüngliche „Idee der Soziologie", bevor sie sich in dutzende Teildisziplinen ausdifferenzierte; nämlich schlicht um die Frage: „Wie ist Gesellschaft möglich?". Im Anschluss an die Beantwortung dieser Frage stellt Simmel seine „Untersuchung über die

Formen der Vergesellschaftung" als Beispiele für mögliche Interaktions-Modi und Beziehungskonstellationen von Menschen (eben „Formen" in denen Gesellschaft auftreten kann) vor.

Doch sind diese „Untersuchungen über die Formen der Vergesellschaftung" nicht Thema dieser Arbeit.[1] Es geht in dieser Arbeit um Simmels Grundfrage, auf die er gleich zu Beginn seines Buches zu sprechen kommt und die er sogleich im – der Einleitung seiner Soziologie eingeschobenen – gleichnamigen Exkurs: „Wie ist Gesellschaft möglich?" abhandelt.

1.2   Der Untersuchungsgegenstand dieser Arbeit

Und genau diese Abhandlung Simmels über diese bedeutsame, ja überhaupt die zentrale Frage der Soziologie, ist der Untersuchungsgegenstand vorliegender Arbeit. Oder mit anderen Worten: „Wie beantwortet Georg Simmel die Frage, wie ist Gesellschaft möglich, selbst?"

Die Antwort darauf bietet er in den drei – heute ebenfalls schon klassischen – (soziologischen) Apriori. Diese werden im Folgenden in dieser Seminararbeit ausführlich untersucht. Ich folge dazu dem Text Simmels recht genau und beginne, wie er selbst, mit der Einleitung zu dieser Fragestellung, in der er einen Bezug zu Immanuel Kant herstellt. Danach werden die drei Apriori anhand einer Textanalyse ausführlich und in interpretierender Weise vorgestellt.

---

[1] Für Leser, die sich für Textanalysen dieser beispielhaften Untersuchungen Simmels über die möglichen Vergesellschaftungsformen (weitere Kapitell aus der „Soziologie") interessieren, verweist der Autor auf zwei andere seiner Texte, in denen es um die „quantitative Bestimmtheit der Gruppe" (Kapitel II), die Form der „Triade" und den „Streit" geht (Kapitel III). Siehe dazu das Literaturverzeichnis. Weiter ist der Aufsatz von Nedelmann (2000) sehr zu empfehlen. Siehe unter „weiterführende Literatur" in der Literaturliste.

Dies soll den Leser dazu befähigen, diesen berühmten und oft als einer der am schwersten zu verstehenden Texte der Soziologie bezeichneten Aufsatz, nachvollziehen und begreifen zu können. Aufgrund der Nähe zum Originaltext – was unbedingt nötig ist um Simmels komplizierte Gedanken zu verstehen – ist diese Arbeit als Textanalyse bzw. Textinterpretation konzipiert, weswegen nicht aus Sekundärquellen zitiert wird.

Noch mal: Es geht um den Originaltext Simmels und eine Interpretation desselben bezüglich seines Bedeutungsgehalts. Daher scheint mir auch ein Schlusskapitel (wie es sonst üblich ist) verzichtbar.

II.   Die Frage: „Wie ist Gesellschaft möglich?"

2.1   Die Einleitung in Georg Simmels „Soziologie"

In der Einleitung widmet sich Georg Simmel der Problemstellung bzw. der Fragestellung des Exkurses. Es soll hier verdeutlicht werden um was es geht. Aber nicht nur auf diesen Textabschnitt, den Exkurs bezogen, sondern auch auf das gesamte Buch. Simmel beginnt mit einer Analogie zu Kants Frage: „Wie ist Natur möglich?" Für Kant war dies die „fundamentale Frage" seiner Philosophie.

Es liegt auf der Hand, dass sich daraus ableiten lässt, dass für Simmel die fundamentale Frage seiner Soziologie „Wie ist Gesellschaft möglich?" sein muss.

Für Kant war Natur „die Vorstellung von der Natur". Die Vorstellung der Natur ist dabei der „Inhalt unseres Bewusstseins". Die „Natur" ist für den Menschen nicht nur die gegebene Empfindung wie Geschmack oder Geruch, also einzelne, organische Bedingtheiten, sondern die gegebenen Sinnesempfindungen verbinden sich mit der spezifisch menschlichen „Aktivität des Geistes".

D. h. der Mensch empfindet die Sinneseindrücke nicht nur wie einen bloßen Reiz, sondern er kennt auch die Ursache derselben. Dadurch sind diese Sinneseindrücke nicht nur als etwas rein subjektives zu sehen, sondern sie werden auch zu Objekten. Subjektiv erscheinen sie dem Menschen aufgrund seiner individuellen „psychisch-physischen Organisation". Objektiv werden sie durch den von vielen Menschen geteilten und gleich verstandenen Bedeutungsgehalt. Wenn viele ihre subjektiven Eindrücke mit dem gleichen Sinn verbinden werden diese Eindrücke objektiviert und somit zu Objekten der Wahrnehmung. Diese entstehen durch die Feststellung von Regelmäßigkeiten und Gesetzen in der Natur, wodurch die Natur uns als sinnvolles Ganzes erscheint.

Trotzdem sind diese „Empfindungen" vom Geiste unabhängig, m. a. W. *einfach da*. Kant meint diese Empfindungen sind der „unabänderlich hinzunehmende Inhalt der Welt" und haben ein „unabhängiges Sein". Und gerade deshalb ist die „intellektuelle *Formung*" der natürlichen „Dinge" zu Objekten, Zusammenhängen und Gesetzlichkeiten *subjektiv*. Dies wird in folgendem Zitat Simmels deutlich:

„Natur ist für Kant eine bestimmte Art des Erkennens, ein durch unsere *Erkenntniskategorien* und in ihnen erwachsendes Bild. Die Frage also: wie ist Natur möglich? – d. h. welches sind die Bedingungen, die vorliegen müssen, damit es eine Natur gebe – löst sich ihm durch die Aufsuchung der Formen, die das Wesen unsres Intellekts ausmachen und damit die Natur als solche zustande bringen." [2]

---

[2] Georg Simmel, Soziologie. Untersuchungen über die Formen der Vergesellschaftung, 5. Aufl., Berlin 1968, S. 22.

Aber hier wird auch ein weiterer zentraler Aspekt der Idee Kants deutlich. Er setzt der Möglichkeit von Natur Bedingungen voraus. Diese Voraussetzungen sind von derartiger Qualität, dass sie vor jeder Erfahrung stehen; d. h. ihre bloße Existenz ist nicht weiter reduzierbar, nicht auf irgendwelche Ursachen zurückzuführen. Das Fachwort für diese speziellen Bedingungen ist *a priori* bzw. *Apriori*. Kant setzt der Existenz von Natur zwei apriorische Bedingungen voraus: Raum und Zeit.

Und Simmel löst die Frage „Wie ist Gesellschaft möglich?" analog zum Modell Kants. D. h. er nimmt apriorische Bedingungen an und zerlegt die Gesellschaft in *Formen* der Vergesellschaftung. Dazu werden individuelle Elemente nach bestimmten Formen und Regeln zueinander in Beziehung gesetzt und bilden so eine „Einheit" der Gesellschaft.

Diese Bildung der Einheit geschieht nach Simmel in einem Bewusstseinprozess. Ab nun widmet sich Simmel also seiner eigenen Fragestellung, verliert aber dabei den Bezug zu Kant nicht aus den Augen. Daher vergleicht Simmel einige, in seiner Argumentation wichtige Begriffe mit der Verwendung im analogen Konzept Kants, d. h. er überträgt bestimmte Elemente von Kants Konzept auf seine Fragestellung. Im Folgenden wird versucht diesen Vergleich an einer Ordnung der wichtigsten Begriffe herauszuarbeiten.

Der erste ist der Begriff der „Verbindung" (i. S. der Verbindung zu einer Einheit). Simmel sieht hier eine „entscheidende Differenz" zwischen der Einheit einer Gesellschaft und der Natureinheit. Und zwar:

„Die Natureinheit kommt ausschließlich in dem betrachtenden Subjekt zustande".

Das heißt, das was wir als Natur verstehen entsteht in unserem Kopf. Die gesellschaftliche Einheit aber wird von ihren Elementen, den „individuellen Seelen [...] ohne weiteres realisiert" und bedarf deshalb keines Betrachters. Die „Seelen" der Gesellschaft sind sich gegenseitig bewusst und synthetisch aktiv, wodurch sich eine Verbindung zu einer Einheit quasi automatisch vollzieht.

Bei Simmel geht es an dieser Stelle weniger darum *was* dabei herauskommt, nämlich die Gesellschaft, sondern darum *wie* diese überhaupt zustande kommt. D. h. er setzt nicht die Gesellschaft als etwas Gegebenes voraus, sondern etwas anderes; eben das wodurch Gesellschaft erst möglich werden kann.
Simmel ging als erster Soziologe nicht *von* der Gesellschaft als Untersuchungsobjekt aus. Dies war richtungweisend für die Soziologie und begründete die erkenntnistheoretischen Ansätze in der Soziologie.

Die nächste Frage, die wir näher betrachten sollten ist: Was meint Simmel wenn er von der Gesellschaft als „Einheit" spricht?
Nun, der Begriff der „Einheit" meint „die unzähligen singulären Beziehungen und das Gefühl und Wissen um dies Bestimmen und Bestimmtwerden dem andern gegenüber, [...]."[3] Dies gilt nicht nur für die Elemente, die unmittelbar in Beziehung zueinander stehen, sondern auch für scheinbar außerhalb Stehende (Nichtteilnehmende) bzw. beobachtende Dritte. Hier sind auch synthetische Energien aktiv, auch wenn sich die Menschen darüber nicht bewusst sind.

Simmel drückt dies in etwa so aus: Die „Seelen" sind einerseits enger miteinander verbunden (durch „Liebe", „Verstehen", usw.) als die „Dinge" in der Natur. Andererseits fügen sich die „Dinge" im Bewusstsein des Betrachters zu einer Einheit zusammen, die von den „Seelen" nicht erreicht wird.

---

[3] Ebd. S. 22.

Bei der Synthese zur Gesellschaft haben wir es eben mit lebendigen, beseelten Individuen zu tun, die geistig frei und unabhängig sind, selbst wenn sie das nicht wollen. Sie bilden also weniger eine Einheit als eine Landschaft mit ihren vielen enthaltenen Dingen, wie Bäume, Flüsse, Wiesen usw.; aber doch auch mehr eine Einheit durch ihre synthetische geistige und seelische Aktivität.

Simmel führt den Vergleich zwischen Natur und Gesellschaft fort indem er nun auf den Begriff „Vorstellung" eingeht. Hier stellt Simmel drei Behauptungen auf:

1. „Die andere Seele hat für mich eben dieselbe Realität wie ich selbst."
2. „Die Grundlage des Vorstellens" ist das „Gefühl des seienden Ichs", also Selbstbewusstsein. Diese Selbsterkenntnis ist eine spezifisch menschliche Eigenschaft. Im Gegensatz zu den Tieren vermag sich ein Mensch selbst im Spiegel zu erkennen.
3. Die „Tatsache des Du": Alle anderen empfinden dies auch so. Aber gerade deshalb stehen die anderen meiner Vorstellung als etwas relativ Unabhängiges gegenüber. Das ist es auch was Simmel mit dem „Für-Sich des Andern" meint.

In diesen drei Annahmen sieht Simmel das „Problem der Vergesellschaftung" begründet:

„Daß dieses Für-Sich des anderen uns nun dennoch nicht verhindert, ihn zu unsrer Vorstellung zu machen, dass etwas, das durchaus nicht in unser Vorstellung aufzulösen ist, dennoch zum Inhalt, also zum Produkt dieses Vorstellens wird – das ist das tiefste, psychologisch-erkenntnistheoretische Schema und Problem der Vergesellschaftung." [4]

---

[4] Ebd. S. 23.

Trotz der Unabhängigkeit des anderen von unseren Vorstellungen, stellen wir sie uns doch nur vor. Wir machen die anderen zum Inhalt, d. h. zum Produkt unseres Vorstellens. Wenn ich jemanden sehe oder auch nur etwas über ihn höre, mache ich mir eine Vorstellung wie er ist. Aber auch wenn ich fest an diese Annahmen glaube muss dies nicht wirklich so sein. Wie dieser andere wirklich ist bleibt von meinen Vorstellungen unabhängig.

Wir wissen die anderen sind „Vorstellungen"; dennoch sind sie für uns real, genauso real wie die Sicherheit über unsere eigene Existenz. D. h. wir müssen annehmen, dass für jeden anderen *seine* Vorstellungen so real sind, wie unsere Vorstellungen für uns selbst real sind. Im Folgenden widmet sich Simmel diesem Problem und meint: „Unter diesen Umständen hat die Frage: wie ist Gesellschaft möglich? – einen völlig anderen methodischen Sinn als die: wie ist Natur möglich?"[5]

Simmel nimmt also nun eine Konkretisierung der Fragestellungen vor: Wie kommt es zur Synthese der Natur? – Und: Wie kommt es zur Synthese der Gesellschaft?

Bei der Natur schaffen die Erkenntnisformen des Subjekts eine Synthese der gegebenen Elemente („Dinge") *zur* Natur. Bei der Gesellschaft bestimmen die in den Elementen („Seelen") selbst a priori gelegenen Bedingungen die Synthese *zur* Gesellschaft. Daraus leitet sich auch der Inhalt des Buches ab – nämlich die Fragestellung: Wie kommt es zu dieser Synthese und wie findet diese statt?

Georg Simmel sucht also nach Vorgängen in den Individuen, die zum Gesellschafts-Sein dieser Individuen führen. Diese Vorgänge sind wiederum Teilvorgänge der Synthese zur Gesellschaft; m. a. W.: Die Formen der Vergesellschaftung.

---

[5] Ebd. S. 23.

Seine Annahme eines synthetischen Prozesses *zur* Natur und *zur* Gesellschaft verdeutlicht Simmel noch mal indem er zwei weitere Begriffe, Funktion und Bewusstsein, heranzieht. Die *Funktion* diese Synthese zu vollziehen liegt im Fall der Natur beim betrachtenden Subjekt; bei der Gesellschaft ist diese Funktion in die Elemente der Gesellschaft selbst übergegangen. Der Schlüssel bei Simmels erkenntnistheoretischem Ansatz ist das *Bewusstsein* der Menschen. Bewusstsein bedeutet, dass „jeder den anderen als ihm verbunden weiß".

Als nächstes wirft Simmel die ihn im folgenden interessierende Fragestellung auf: „was liegt denn ganz allgemein und a priori zum Grunde, welche Voraussetzungen müssen wirksam sein, damit die einzelnen, konkreten Vorgänge im individuellen Bewusstsein wirklich Sozialisierungsprozesse seien, welche Elemente sind in ihnen enthalten, die es ermöglichen, dass ihre Leistung, abstrakt ausgesprochen, die Herstellung einer gesellschaftlichen Einheit aus den Individuen ist?" [6]

Doch bevor Simmel diese Apriori benennt geht er auf die doppelte Bedeutung der Aprioritäten ein:
1. Sie bestimmen die wirkliche Gesellschaftsordnung
2. Apriori seien die logischen Voraussetzungen einer (in der idealisierten Vorstellung perfekten) Gesellschaft

Sie sind also einerseits *die* Voraussetzung dafür, dass Gesellschaft überhaupt möglich ist. Andererseits sind diese Voraussetzungen *das* was die reale Gesellschaftswirklichkeit bestimmt. Das Buch widmet sich der Untersuchung dieser Bedingungen des Sozialisierungsprozesses. Was aus diesen Bedingungen folgt sind praktische Prozesse und Seinszustände.

---

[6] Ebd. S. 23.

Des Weiteren geht Simmel davon aus, dass jedes Individuum in Wechselwirkung mit anderen steht; also das alle „vergesellschaften" und „vergesellschaftet" sind. In welchen Formen dies geschehen kann untersucht Simmel in den folgenden neun Kapiteln exemplarisch. Dies erwähnt Simmel hier aber nur sehr kurz, sozusagen als Andeutung dessen was später noch genauer erklärt werden soll.

Doch zunächst kommt er auf die apriorischen Bedingungen zurück. Wie Kant seiner Fragestellung: wie ist Natur möglich? zwei Apriori voraussetzt – nämlich Zeit und Raum; so setzt Simmel seiner Problemstellung: wie ist Gesellschaft möglich? drei Apriori voraus, welche er nun abhandelt.

„Ich versuche im folgenden, einige dieser, als apriorisch wirkenden Bedingungen oder Formen der Vergesellschaftung – die freilich nicht wie die Kantischen Kategorien mit einem Worte benennbar sind – als Beispiel solcher Untersuchung zu skizzieren."[7]

2.2 Die erste apriorisch wirkende Bedingung

Simmel stellt seinen Überlegungen zum ersten Apriori eine zentrale, basisgebende Annahme voraus:

„Das Bild, das ein Mensch vom anderen aus der persönlichen Berührung gewinnt, ist durch gewisse Verschiebungen bedingt, die nicht einfache Täuschungen aus unvollständiger Erfahrung mangelnder Sehschärfe, sympathischen oder antipathischen Vorurteilen sind, sondern prinzipielle Änderungen der Beschaffenheit des realen Objekts."[8]

---

[7] Ebd. S. 24.
[8] Georg Simmel: Soziologie - Untersuchungen über die Formen der Vergesellschaftung, in O. Rammstedt (Hrsg.): Georg Simmel – Gesamtausgabe, Band II, Frankfurt, 1992, S. 47

Er betont dabei vor allem die Qualität der Verschiebungen. Es existieren demnach nicht nur die bekannten physikalisch-optischen Täuschungen und die Verzerrungen innerhalb der Wahrnehmung durch Vorerfahrungen bezüglich Sympathie und Antipathie, sondern noch viel gravierendere Änderungen, da sie prinzipiellen Charakter haben und die Beschaffenheit des realen Objekts verändern. Dabei kann man vor allem zwei Dimensionen beobachten:

1. „Wir sehen den anderen in irgendeinem Maße verallgemeinert."[9]

Simmel vermutet als Ursache für diese Tatsache, dass es uns nicht gegeben ist, eine andere als die eigene Identität in uns vollständig zu repräsentieren, denn das vollkommene Erkennen würde eine „vollkommene Gleichheit" voraussetzen. Ihm scheint, als ob jeder Mensch einen tiefsten Individualitätspunkt in sich trägt, der von keinem anderen innerlich nachgeformt werden kann.

Als Folge dieser Unfähigkeit zur vollständigen Abbildung bzw. Wahrnehmung des anderen erfährt das seelische Abbild des Anderen automatisch eine Verallgemeinerung, durch welche die Umrisse verschwimmen und der Einzigartigkeit dieses Bildes eine Beziehung zu anderen zugefügt wird.

Er führt aus, dass unser psychisch-subjektives Bild eines anderen, stets neben all den „Singularitäten" immer auch allgemeine Kategorien beinhaltet, die den anderen freilich nicht völlig decken und die dieser selbstredend auch nicht völlig deckt. Wir denken ihn sozusagen in eine Kategorie hinein; m. a. W.: Wir sehen den anderen in irgendeinem Maße verallgemeinert.

---

[9] Ebd. S. 47

Simmel betont, dass diese Kategorien nicht den großen Bereichen wie „moralisch oder unmoralisch, frei oder gebunden, herrisch oder sklavenhaft usw." zugeordnet sein müssen, sondern dass es häufig viel feinere Bereiche und Ordnungsaspekte sind.

2. „Der Blick des Anderen [ergänzt uns] zu dem, was wir niemals rein und ganz sind."[10]

Simmel erkennt neben der Verallgemeinerung des Individuums durch den Betrachter (erste Dimension des 1. Ariori), auch noch den umgekehrten Effekt. Ausgehend von der zentralen Annahme, dass wir alle Fragmente, nicht nur des allgemeinen Menschen, sondern auch unserer selbst sind, entwickelt er die These, dass dieses Fragmentarische unseres Selbst durch den Blick des Anderen zu dem ergänzt wird, was wir niemals rein und ganz sind.

Simmel führt aus, dass jeder Mensch unbewusst, ähnlich der Bilderganzung am blinden Fleck, die Fragmente des Anderen zu einer Vollständigkeit dessen Individualität ergänzt (Zweite Dimension des 1. Apriori). Es entsteht demnach ein geistig-subjektives Bild des anderen, das ein Mehr an Informationen, an Verbindungen, an inneren Beziehungen usw. enthält. Mit anderen Worten, das Individuelle eines Individuums wird durch diesen „Schärfungsvorgang" des Betrachters erst sichtbar.

Im Anschluss an seine Ausführungen über die Wahrnehmung der Individuen untereinander überträgt Simmel seine Überlegungen auf die Ausgangsfrage nach den Formen der Vergesellschaftung.

Ausgehend von seiner eingangs geschilderten Suche, nach denjenigen Leistungen, „(...) welche abstrakt ausgesprochen, die Herstellung einer

---

[10] Ebd. S. 49

gesellschaftlichen Einheit aus den Individuen ist"[11], bezeichnet er die aus den beiden Dimensionen der Wahrnehmung „entspinnenden Wechselwirkungen" als das *erste Apriori* innerhalb der bestehenden Gesellschaft!

Konkretisiert durch eine soziologische Betrachtungsweise bedeutet dies für Simmel, dass innerhalb eines Kreises jedes Mitglied jedes andere nicht rein empirisch sieht, sondern auf Grund dieses Apriori, „wie durch einen Schleier erblickt."[12] Die Folgen dieses Prozesses sind dabei äußerst weitreichend und führen u. a. dazu, dass jedem an einem Kreis Teilhabenden, ein spezifisches Bewusstsein durch die anderen Teilhabenden auferlegt wird. Aber auch zwischen Personen aus verschiedenen Kreisen hinterlässt dieser Prozess Spuren.

Zusammenfassend formuliert Simmel, dass gerade die Verschiebungen, Abzüge und Ergänzungen, die wir Menschen von all diesen a priori wirksamen Kategorien her – von seinem Typus Mensch, von der Idee seiner eigenen Vollendung, von der sozialen Allgemeinheit her, usw. – erfahren, die Bedingungen dafür sind, „durch die die Beziehungen, die wir allein als die gesellschaftlichen kennen, möglich werden."[13]

2.3 Die zweite apriorisch wirkende Bedingung

Eine zweite Grundvoraussetzung für Gesellschaft stellt Simmel in dem folgenden Apriori fest:

„*...daß jedes Element einer Gruppe nicht nur ein Gesellschaftsteil, sondern außerdem noch etwas ist.*"

---

[11] Ebd. S. 46
[12] Ebd. S. 49
[13] Ebd. S. 50

Dies ist eine weitere Kategorie, ein weiteres Apriori, unter der sich die Subjekte selbst und gegenseitig erblicken. Erst so „geformt" können die Subjekte die empirische Gesellschaft ergeben.

Jedes Individuum besitzt in sich einen nicht sozialen Teil - insofern, dass er der Gesellschaft nicht zugewandt ist oder in ihr nicht aufgeht. Dieser Teil liegt nicht beziehungslos neben dem sozial bedeutsamen Teil des Individuums, sondern bildet die positive Bedingung dafür, „daß er es mit anderen Seiten seines Wesens ist".[14]

Simmel geht noch weiter, indem er über das Individuum sagt:

„...die Art seines Vergesellschaftet-Seins ist bestimmt durch die Art seines Nicht-Vergesellschaftet-Seins."

Es gibt sogar soziale Typen, die in ihrem Kern und Wesen dadurch fixiert sind, dass sie von der Gesellschaft, für die ihre Existenz bedeutsam ist, ausgeschlossen sind, wie z. B. der Fremde, der Feind, der Verbrecher oder der Arme. Dies gilt aber nicht nur für diese, sondern in unzähligen Modifikationen für jegliche individuelle Erscheinung:

„Daß jeder Augenblick uns von Beziehungen zu Menschen umfaßt findet und sein Inhalt von diesen direkt oder indirekt bestimmt ist, spräche durchaus nicht dagegen, sondern die soziale Umfassung als solche betrifft eben Wesen, die nicht völlig von ihr umfaßt sind."[15]

So ist z.B. der Beamte nicht nur Beamter, der Offizier nicht nur Offizier. Sein außersoziales Sein ist bestimmt durch sein Temperament und den Niederschlag seiner Schicksale, seiner Interessiertheiten und den Wert

---

[14] S.51.
[15] Ebd. S.51

seiner Persönlichkeit. Dies gibt ihm eine bestimmte *Nuance* und „durchflicht sein soziales Bild mit außersozialen Imponderabilien".[16]

Die sozialen Beziehungen, Wechselwirkungen wären anders, wenn ein jeder dem anderen als nur eine jeweilige Kategorie, als seiner jetzt gerade zufallenden sozialen Rolle gegenüberträte. Die Individuen unterscheiden sich dadurch, wie viel sie von diesem „Außerdem" zugleich mit ihrem sozialen Inhalt besitzen oder zulassen.

Als Beispiel für wenig *Außerdem* zieht Simmel den Menschen in der Liebe und in der Freundschaft heran. Es kann sich hier dem Grenzwert Null nähern. Hier geht das *Außersoziale* in der Hinwendung zu dem Gegenüber auf. Der katholische Priester bietet das formal gleiche Phänomen, nur in einer anderen Tendenz, indem seine kirchliche Funktion sein Individuum völlig überdeckt.

Für das andere Extrem, in dem das *Außersoziale* die Persönlichkeit völlig in sich aufgenommen hat, nennt Simmel die „Erscheinungen der modernen, geldwirtschaftlich bestimmten Kultur, in der der Mensch als produzierender, als kaufender oder verkaufender, überhaupt als irgend ein leistender, sich dem Ideal der absoluten Objektivität nähert."[17]

Zwischen diesen beiden Extremen bewegt sich das soziale Individuum so, dass der nicht soziale Teil eine bestimmte Bedeutung für die dem anderen geltenden Betätigungen und Gesinnungen aufweist. Dies bedeutet, dass das Verhältnis zwischen dem Sozialen und dem nicht sozialen Teil eines Individuums situativ unterschiedlich ist, also etwas höchst Dynamisches darstellt, der jeweiligen sozialen Rolle und Interaktion angepasst.

---

[16] Ebd. S.51
[17] S.52.

Ferner ist das Bewusstsein des Menschen, dass diese „Soziale Aktivität" oder „Stimmung" etwas von den übrigen Menschen geschiedenes sei und in die soziologische Beziehung nicht mit eintrete, von durchaus positivem Einfluss. Und zwar in dem Sinne, wie das Subjekt den anderen gegenüber auftritt und wie die anderen sich ihm gegenüber verhalten:

„Das Apriori des empirischen sozialen Lebens ist, daß das Leben nicht ganz sozial ist, wir formen unsre Wechselbeziehungen nicht nur unter der negativen Reserve eines in sich nicht eintretenden Teiles unserer Persönlichkeit; dieser Teil wirkt nicht nur durch allgemeine psychologische Verknüpfungen überhaupt auf die sozialen Vorgänge der Seele ein, sondern grade die formale Tatsache, *daß* er außerhalb der letzteren steht, bestimmt die Art dieser Einwirkung."[18]

Darauf – dass die Gesellschaft ein Gebilde aus Wesen ist, die innerhalb und außerhalb ihrer stehen können - ruht auch eine der wichtigsten soziologischen Formungen: dass zwischen Individuum und Gesellschaft ein Verhältnis wie zwischen zwei Parteien besteht:
„Damit erzeugt die Gesellschaft vielleicht die bewußteste, mindestens die allgemeinste Ausgestaltung einer Grundform des Lebens überhaupt: dass die individuelle Seele nie innerhalb einer Verbindung stehen kann, außerhalb deren sie nicht zugleich steht, daß sie in keine Ordnung eingestellt ist, ohne sich zugleich ihr gegenüber zu finden."[19]

Drei Beispiele zieht Simmel zur Veranschaulichung dieses sozialen Apriori heran: Zum einen, den religiösen Menschen, der sich nur in das göttliche All-Sein auflösen kann, wenn er ein personales Gegenüber bewahren kann, dem die Auflösung ins Eins-Sein mit Gott eine unendliche Aufgabe ist. Erst durch die Bedeutung des Anders-Sein mit Gott kann er sich dies zur Aufgabe machen.

---

[18] Ebd. S.53
[19] Mit „Seele" meint Simmel hier die Gesamtheit des sozialen und außersozialen Individuums.

Ein weiteres Beispiel ist der Mensch und das Eingebundensein in die Natur.[20] Und schließlich das Verhältnis des Individuums zu den einzelnen Kreisen seiner gesellschaftlichen Bindungen, oder das Verhältnis der Individuen schlechthin:

„Wie wissen uns einerseits als Produkt der Gesellschaft. (...) Andrerseits wissen wir uns als ein Glied der Gesellschaft, (...)."[21]

Simmel gibt also auch auf diese immer wieder auftauchende Frage eine Antwort: was war zuerst, Individuum oder Gesellschaft?

„...so wenig leben wir als Gesellschaftswesen um ein autonomes Zentrum herum, sondern sind Augenblick für Augenblick aus den Wechselbeziehungen zu andern zusammengesetzt und sind so der körperlichen Substanz vergleichbar, die für und nur noch als die Summe vielfacher Sinneseindrücke, aber nicht als eine für sich seiende Existenz besteht."[22]

Diese soziale Diffusion löst unsere Persönlichkeit aber nicht auf, sondern das Individuum findet sich in einer **Doppelstellung** wieder:

„Damit also bringt die Tatsache der Vergesellschaftung das Individuum in die Doppelstellung, von der ich ausging: daß es in ihr befasst ist und zugleich ihr gegenübersteht, ein Glied ihres Organismus und zugleich selbst ein geschlossenes organisches Ganzes, ein Sein für sie und ein Sein für sich."[23]

---

[20] S.54
[21] S.55
[22] Hier werden die Dynamik und das zyklische Moment der Simmelschen Gesellschaftstheorie deutlich.
[23] S.56

Das Wesentliche und der Sinn dieses soziologischen Apriori ist, dass das *Innerhalb* und das *Außerhalb* nicht zwei nebeneinander stehende Bedingungen sind, „sondern daß sie die ganz einheitliche Position des sozial lebenden Menschen bezeichnen." Seine Existenz bildet eine Einheit durch die Synthese oder Gleichzeitigkeit der beiden logisch einander entgegengesetzten Bestimmungen.

Dies ist die synthetische Kategorie des zweiten Apriori bei Simmel: das Bewirkende, also das Einzelleben und das verursachende, also dessen soziale Formung wirken zusammen. Dass diese Formung uns zur Verfügung steht ist ein Apriori der empirischen Gesellschaft, das macht ihre Form möglich, wie wir sie kennen.[24]

Die Grundaussagen des zweiten Apriori:

1. Das sozial umfasste Individuum besitzt in sich einen sozialen und ein nicht sozialen Teil.
2. Der nicht soziale Teil beeinflusst den sozialen Teil des Individuums positiv.
3. Dies macht die Doppelstellung des Individuums aus. Das Verhältnis der beiden Teile zueinander verändert sich situativ, ist also dynamisch.

2.4 Die dritte apriorisch wirkende Bedingung

Simmel beginnt seine Abhandlung zum dritten Apriori indem er zwei grundlegende Ansätze erörtert. Zum einen führt er aus, dass die Gesellschaft „ein Gebilde aus ungleichen Elementen ist. Denn selbst wo demokratische oder sozialistische Tendenzen eine „Gleichheit" planen oder teilweise erreichen, handelt es sich immer nur um Gleichwertigkeit der Personen, der Leistungen, der Positionen, während eine Gleichheit

---

[24] S.57

der Menschen ihren Beschaffenheiten, Lebensinhalten und Schicksalen nach gar nicht in Frage kommen kann."[25] In dem er die Begriffe Gleichheit und Gleichwertigkeit scharf voneinander abgrenzt, schaffte er die Basis für seine nachfolgende Argumentation, welche sich primär auf die Unterschiedlichkeit der Individuen innerhalb einer Gesellschaft stützt.

Diesem Prinzip der Individualität stellt Simmel das Strukturprinzip einer jeden Gesellschaft gegenüber:

„Stellt man sich die Gesellschaft als rein objektives Schema vor, so zeigt sie sich als eine Ordnung von Inhalten und Leistungen, die nach Raum, Zeit, Begriffen, Werten aufeinander bezogen sind und bei denen man insofern von der Persönlichkeit, von der Ichform, die ihre Dynamik trägt absehen kann."[26]

Durch eine Analogie zur Beamtenschaft erarbeitet Simmel einige wesentliche Eigenschaften dieses Strukturprinzips. Neben der hohen Komplexität der Gesellschaft zeigt er auch auf, dass es in der Gesellschaft so etwas wie eine bewusste und systematische Festlegung geben muss.

Zwar ist diese in der Gesamtheit der Gesellschaft ein „unentwirrbares Durcheinanderspielen von Funktionen", welche erst durch das reale Schaffen und Erleben der Individuen erfassbar ist, dennoch besitzt sie eine „phänomenologische" Struktur.

Nimmt man die beiden erörterten Punkte zusammen, so erscheint es,

---

[25] Georg Simmel: Soziologie - Untersuchungen über die Formen der Vergesellschaftung, in O. Rammstedt (Hrsg.): Georg Simmel – Gesamtausgabe, Band II, Frankfurt, 1992, S. 57
[26] Ebd. S. 57

„als ob jedem Element seine Stelle in diesem Ganzen vorherbestimmt wäre; bei aller Disharmonie von den idealen Forderungen her, verläuft es so, als ob alle seine Glieder in einem einheitlichen Verhältnis ständen, das jeden, gerade weil er dieser besondre ist, auf alle anderen und alle anderen auf diesen anwiese. "[27]

Simmel bündelt damit seine einleitenden Überlegungen und schafft damit einen Ausgangspunkt, von dem aus das dritte Apriori sichtbar wird, das er, kurz gesagt, als die Grundlage bzw. die Möglichkeit einer Gesellschaft überhaupt zugehören zu können formuliert. Genauer umschreibt er diese dritte apriorisch wirkende Bedingung, als den Umstand, dass

„jedes Individuum durch seine Qualität von sich aus auf eine bestimmte Stelle innerhalb seines sozialen Milieus hingewiesen ist: dass diese ihm ideell zugehörige Stelle auch wirklich in dem sozialen Ganzen vorhanden ist – das ist die Voraussetzung, von der aus der Einzelne sein gesellschaftliches Leben lebt und die man als den Allgemeinwert der Individualität bezeichnen kann."[28]

Am Beispiel der Berufe erörtert Simmel seine Überlegungen detaillierter und kommt zu dem Schluss, dass einerseits die Gesellschaft eine Stelle in sich erzeugt und bietet, die zwar nach Inhalten und Umrissen von anderen unterschiedlich ist, aber doch prinzipiell von vielen ausgefüllt werden kann und dadurch sozusagen etwas Anonymes ist; und dass nun diese trotz ihres Allgemeinheitscharakters, von dem Individuum auf Grund eines inneren „Rufes", einer als ganz persönlich empfundenen Qualifikation ergriffen wird.

---

[27] Ebd. S. 58
[28] Ebd. S. 59

Nicht zum ersten Mal betont Simmel an dieser Stelle das Verhältnis von Individualität und Gesellschaft, welches zentral von der dynamischen Struktur und dem hier angesprochenen anonymen Charakter einer jeden Stelle gekennzeichnet ist. Es verbietet sich demnach die Vorstellung einer statischen Gesellschaftsstruktur, in der jedes Element eine stets gleich bleibende Funktion und Position hat.

Georg Simmel zeichnet viel mehr ein Gesellschaftsbild, welches einen dynamischen, hochkomplexen, phänomenologischen Charakter besitzt und jedem Individuum eine durchgehende Korrelation seines individuellen Seins mit den umgebenden Kreisen zuweist. Diese Verbindung zwischen individuellem Sein und den umgebenden Kreisen ist für Simmel so grundlegend, dass er zu dem Schluss kommt, dass wenn ein Individuum, welches dieses dritte Apriori nicht realisiert findet, auch nicht vergesellschaftet ist, und damit die Gesellschaft nicht die lückenlose Wechselwirksamkeit hat, die ihr Begriff aussagt.

Dreht man diese begriffstheoretische Argumentation um, so wird deutlich, was Simmel unter der „vollkommenen" Gesellschaft versteht: eine Vergesellschaftung von allen Individuen, die sich wechselseitig ergibt. Die hierzu nötigen Bewusstseinsprozesse auf Seiten des Individuums, mit denen sich Vergesellschaftung vollzieht: die Einheit aus Vielen, die gegenseitige Bestimmung der Einzelnen, die Wechselbedeutung des Einzelnen für die Totalität der anderen und dieser Totalität für den Einzelnen – verlaufen unter dieser ganz prinzipiellen, nicht abstrakt bewussten, aber in der Realität der Praxis sich ausdrückenden Voraussetzung: dass die Individualität des Einzelnen in der Struktur der Allgemeinheit eine Stelle findet, ja, dass diese Struktur gewissermaßen von vornherein, trotz der Unberechenbarkeit der Individualität, auf diese und ihre Leistung angelegt ist.[29]

---

[29] vgl. Ebd. S. 61

Literaturverzeichnis

Für die Textanalyse verwendete Literatur:

Georg Simmel: Soziologie - Untersuchungen über die Formen der Vergesellschaftung, in O. Rammstedt (Hrsg.): Georg Simmel – Gesamtausgabe, Band II, Frankfurt, 1992

Georg Simmel, Soziologie. Untersuchungen über die Formen der Vergesellschaftung, 5. Aufl., Berlin 1968

Weiterführende Literaturhinweise:

Korte, Hermann, 1999: Einführung in die Geschichte der Soziologie, 5. Aufl., Opladen, S. 86-95.

Nedelmann, Brigitta, 2000: Georg Simmel, in: Kaesler, Dirk (Hrsg.): Klassiker der Soziologie, Band I, 2. Aufl., München, S. 127-149.

Lichtblau, Klaus, 1987: Georg Simmel, Reihe Campus: Einführungen, Bd. 1091.

Mikl-Horke, Gertraude, 2001: Soziologie. Historischer Kontext und soziologische Theorie-Entwürfe, 5. Aufl., München, Oldenburg, S. 110-118.

Vaas, Dominic, 2002: Georg Simmel: Formale Soziologie und die quantitative Bestimmtheit der Gruppe (auf hausarbeiten.de).

Vaas, Dominic 2002: Die formale Soziologie Georg Simmels: Die Formen der Triade und die soziologische Bedeutung des Streits (auf hausarbeiten.de).

BEI GRIN MACHT SICH IHR WISSEN BEZAHLT

- Wir veröffentlichen Ihre Hausarbeit,
  Bachelor- und Masterarbeit

- Ihr eigenes eBook und Buch -
  weltweit in allen wichtigen Shops

- Verdienen Sie an jedem Verkauf

Jetzt bei www.GRIN.com hochladen und kostenlos publizieren